APPLE
« THINK DIFFERENT »

— L'épopée de la firme de Cupertino

par Ariane de Saeger

50MINUTES

APPLE : « *THINK DIFFERENT* »   **5**

PRÉMICES : UNE ALCHIMIE GAGNANTE   **7**

Un contexte favorable

Le hippie négligé et l'ingénieux informaticien

LE DÉVELOPPEMENT DE L'ENTREPRISE   **10**

Historique

Stratégie et vision

APPLE AUJOURD'HUI   **26**

Apple, un concurrent redoutable

Apple, un leader dans son secteur ?

Opportunités et menaces : quel futur pour la firme
à la pomme ?

EN RÉSUMÉ   **32**

POUR ALLER PLUS LOIN   **35**

APPLE : « *THINK DIFFERENT* »

Apple, ce géant de l'informatique qu'on ne présente plus tant ses produits sont devenus emblématiques, n'a pas fini de fasciner par son succès et par la véritable culture qu'il a su créer autour de sa marque. Du Macintosh à l'iPad en passant par l'iPod ou l'iPhone, la firme californienne continue de surprendre et de susciter l'admiration. Dans un monde de plus en plus tourné vers la technologie et le numérique, Apple est à l'heure actuelle l'une des entreprises les plus valorisées de la planète !

Mais comment en est-elle arrivée là ? À quel point la personnalité de ses fondateurs, et notamment de Steve Jobs, a-t-elle été déterminante ? Avec quoi ont-ils démarré ? Quelle stratégie ont-ils mise en place année après année pour atteindre les sommets que l'entreprise connaît aujourd'hui ? Car les concurrents directs sont légion : Samsung, Amazon, Google, Microsoft, Hewlett-Packard ou encore Sony, pour n'en citer que quelques-uns, luttent âprement pour conserver ou augmenter leurs parts du marché informatique et technologique ; alors, qu'est-ce qui différencie Apple ? C'est ce que ce livret se propose de vous faire découvrir en un temps record !

QUELQUES DONNÉES

- **Fondateurs ?** Steve Jobs (informaticien américain, 21 ans), Steve Wozniak (informaticien américain, 26 ans) et Ronald Wayne (dessinateur industriel américain, 41 ans).
- **Création ?** Signature d'un contrat de partenariat le 1er avril 1976 (Cupertino, Californie, États-Unis), mais constitution de la société le 3 janvier 1977.
- **Lancement commercial ?** Si les premiers produits Apple (Apple I) sont vendus dès mai 1976, il faudra attendre le lancement de l'Apple II le 17 avril 1977 pour que l'activité commerciale de la société s'intensifie véritablement.

- **Secteur d'activité ?** Informatique et électronique.
- **Chiffres-clés ?**
  - 2004 : 8 milliards $ de chiffre d'affaires.
  - 2006 : 25 millions d'appareils électroniques vendus.
  - 2012 : 156 milliards $ de chiffre d'affaires annuel.
  - 2013 : 800 millions d'appareils électroniques vendus et 170,9 milliards $ de chiffre d'affaires annuel.
  - 2014 : 182,80 milliards $ de chiffre d'affaires.
  - 2015 : 233,715 milliards $ de chiffre d'affaires, ce qui représente une augmentation de 27,85 % par rapport à l'année précédente. Le bénéfice a quant à lui augmenté de 35,14 %.

PRÉMICES :
UNE ALCHIMIE GAGNANTE

UN CONTEXTE FAVORABLE

Au début des années soixante-dix, alors que le monde s'apprête à entrer dans une grave crise économique suite à la guerre du Kippour et au choc pétrolier de 1973, une rencontre décisive a lieu à Cupertino (Californie) entre deux jeunes ambitieux informaticiens, Steve Wozniak (né en 1950) et Steve Jobs (1955-2011). Leur rêve ? Créer et commercialiser un ordinateur facile à comprendre et à utiliser.

À cette époque, l'industrie informatique et électronique est en plein essor aux États-Unis. En 1958, la puce électronique – ou circuit intégré –, créée indépendamment mais simultanément par les Américains Robert Noyce (cofondateur de la société Intel, 1927-1990) et Jack Kilby (ingénieur électronicien, 1923-2005), a donné naissance à la troisième génération d'ordinateurs et a suscité un engouement général pour l'informatique, qui s'accompagne d'un impact positif considérable sur l'économie américaine.

Par la suite, le marché bénéficie de l'invention du microprocesseur par Marcian Hoff (né en 1937), un ingénieur d'Intel, en 1971. Cette création est à la base du développement des premiers micro-ordinateurs, ou ordinateurs personnels. Cependant, ceux-ci sont toujours limités à un usage professionnel ou scientifique et demandent un certain bagage informatique pour être utilisés.

LE HIPPIE NÉGLIGÉ ET L'INGÉNIEUX INFORMATICIEN

Steve Jobs et Steve Wozniak, deux jeunes informaticiens, se rencontrent en 1971. Leur amitié se concrétise rapidement autour d'une invention de Wozniak, la Blue Box, machine qui permet à ses utilisateurs d'avoir accès illégalement à des services téléphoniques. C'est Jobs qui a l'idée d'en démarrer la commercialisation. On comprend déjà le mode de fonctionnement général à l'œuvre entre les deux hommes : Wozniak travaille sur l'invention et la création des produits, tandis que Jobs se consacre à l'aspect marketing.

C'est la combinaison du savoir-faire électronique et mathématique de l'un et des compétences commerciales de l'autre qui mène à leur décision de créer un ordinateur à usage plus agréable que les quelques appareils proposés à l'époque. Car si l'idée est dans l'air du temps – plusieurs amateurs passionnés tentent de créer leur propre système, parfois également dans le but de démocratiser l'informatique –, les deux Steve parviennent à former l'alchimie gagnante dans la concrétisation de leur projet. Comme dans le cas de la Blue Box, c'est Jobs qui reconnaît le potentiel du marché pour un tel produit, tandis que Wozniak en sera le concepteur.

Si la société Apple Computer Inc. est constituée en janvier 1977, il faut toutefois remonter quelques mois plus tôt pour percevoir les ambitions qui animent les deux jeunes fondateurs. L'histoire débute véritablement en 1976, alors que « Woz » vient de terminer la confection de son premier produit, l'Apple I (ou Apple BASIC). Parallèlement, Jobs obtient une première commande de 50 unités montées (chacune à 500 $) auprès du revendeur américain Paul Terrel.

Ron Wayne (né en 1934) les rejoindra pour un temps seulement (12 jours) ; peu confiant, il revendra ses parts aux cofondateurs pour la modique somme de 800 $. Il ignore alors l'avenir prometteur réservé à Apple.

> « *Steve and Steve had their project. They wanted to change the world in their way. I wanted to change the world in my own.* » (Ronald Wayne, 22 février 2012, in *Facebook.com*)

Ce premier modèle d'ordinateur personnel se vendra en 200 exemplaires, au prix de 666,66 $. À cette époque, l'homme d'affaires Mike Markkula (né en 1942) perçoit dans Apple un potentiel de croissance : il en devient le premier actionnaire lorsqu'il décide d'y investir 92 000 $. Ce geste encourage la Bank of America à prêter aux deux Steve un montant de 250 000 $.

LE DÉVELOPPEMENT DE L'ENTREPRISE

HISTORIQUE

Premiers succès et premiers échecs

Avec les quelques bénéfices générés par les ventes limitées de l'Apple I, la société parvient donc à convaincre ses premiers investisseurs et continue sur sa lancée.

L'Apple II, premier ordinateur personnel grand public, sort en 1977 et est un succès immédiat : il se vend en 2 millions d'exemplaires. Il fait d'abord fureur auprès des particuliers passionnés pour ensuite entrer sur le marché du monde professionnel. Il y réalisera la majeure partie de ses ventes, notamment grâce à l'intégration des technologies Disk II Drive (qui permet de stocker plus de données) et VisiCalc (premier programme tableur pour usage comptable et commercial uniquement disponible sur Apple). L'Apple II se développera dans les années quatre-vingt et sera commercialisé jusqu'en 1993. Les prix de vente oscillent entre 1 298 $ et 2 638 $, selon le degré plus ou moins élevé de capacité de stockage.

Au même moment, le logo en forme de pomme et aux couleurs de l'arc-en-ciel est créé par Rob Janoff, employé de la Regis McKenna Advertising ; il sera utilisé jusqu'en 1998, avant de devenir monochrome.

Au cours des années quatre-vingt, la crise économique des pays industrialisés s'aggrave : les technologies révolutionnent le paysage, les entreprises voient leurs profits diminuer et le chômage est en nette progression. Le marché de l'informatique, quant à lui, connaît une montée féroce de la concurrence : la firme Microsoft (fondée en 1975 par Bill Gates, né en 1955, et Paul Allen, né en 1953) collabore notamment avec IBM (créée en 1911) – alors leader du secteur – pour contrer Apple. Suite à cette association, Microsoft voit peu à peu son influence grandir.

Parallèlement à l'aspect concurrentiel, quelques produits ne connaîtront pas le succès escompté :

- l'Apple III lancé en 1980 ne convainc pas les utilisateurs de la marque. Les défauts dus à sa conception particulière (aucun ventilateur) engendrent en effet des pannes récurrentes synonymes d'une méfiance progressive de la part des consommateurs. Cela se solde par un inévitable arrêt de commercialisation quatre ans plus tard.
- En 1983, suite à une visite inspirante du Xerox PARC (un centre de recherches en informatique), Steve Jobs et John Sculley (CEO d'Apple entre 1983 et 1993), fraîchement embauché, mettent au point l'Apple Lisa (du nom de sa fille Lisa Brennan-Jobs). Il s'agit du premier ordinateur avec interface graphique et souris. Malgré qu'« Apple réinvente encore l'ordinateur personnel » (slogan de la campagne publicitaire de lancement), le prix est trop onéreux (9 995 $) et seules 11 000 unités seront vendues.

Mots-clés

- Interface graphique : agencement d'éléments positionnés sur l'écran d'un ordinateur, tels que le menu, les fonctionnalités, les onglets, etc., permettant à l'utilisateur d'interagir avec le logiciel de l'ordinateur. L'interface graphique s'oppose à l'interface en ligne de commande, qui propose une communication avec l'ordinateur basée sur le texte et non sur des pictogrammes.
- Logiciel (en anglais *software*) : ensemble de programmes, de séquences et d'instructions qui permet un traitement des données tout en assurant le bon fonctionnement du système informatique.

- Système d'exploitation : ensemble de programmes permettant le fonctionnement et l'utilisation d'appareils électroniques. Ordinateurs, Smartphones, tablettes numériques ou téléphones portables seront dotés d'un système différent selon la marque qui les produit.
  - Android : système d'exploitation développé par Google.
  - Mac OS : système d'exploitation développé par Apple.
  - Windows : système d'exploitation développé par Microsoft.

Introduction en Bourse

Le 12 décembre 1980, Apple tente un coup de poker : alors qu'il vient d'essuyer l'échec commercial de l'Apple III, il fait son entrée en Bourse. À l'ouverture, l'action coûte 22 $. En l'espace de quelques minutes, les 4,6 millions d'actions boursières sont vendues, ce qui valorise l'entreprise à 1,778 milliard $. Spectaculaire, cet évènement transforme une dizaine d'employés de moins de 30 ans – qui possédaient des parts dans l'entreprise – en millionnaires.

Du Macintosh à l'iMac

À partir de 1983, Apple développe la série Macintosh. Initié par Jef Raskin (1943-2005), le Macintosh devient rapidement le projet de Steve Jobs dont le leadership est de plus en plus prononcé. Bien que la technologie déployée sur ce nouveau modèle soit identique à celle du Lisa, son succès commercial est cette fois sans égal : la marque suscite l'admiration et rallie de plus en plus de fans à sa cause. Le Macintosh, commercialisé en même temps que l'Apple II qui génère encore quelques revenus, devient rapidement le produit phare d'Apple. Il est le premier d'une longue série de versions optimisées à venir, connues aujourd'hui sous le nom d'« iMac ».

Macintosh 128K, lancé en janvier 1984.

Livré avec un clavier et une souris, le premier modèle iMac (iMac G3) atteint les 6 millions de ventes dans le monde et déclenche un choc dans l'industrie informatique : désormais, le design et l'esthétique se trouvent au centre de la stratégie du produit. En effet, sa forme ronde, son clavier et son écran de même taille et assortis au niveau des coloris séduisent le monde entier en un clin d'œil. Et ce n'est que le début... Commercialisé de 1998 à 2003, il sera rapidement suivi par l'iMac G4, également appelé « Tournesol ».

Ce nouveau modèle, commercialisé pour sa part de 2002 à 2004, diffère de son parent par une puissance et un design de plus grande qualité ; on note même que le modèle haut de gamme possède un graveur CD et DVD. En 2004, l'évolution de l'iMac se poursuit avec le G5, doté d'un design encore plus compact que les versions précédentes. Entièrement plat, l'écran ne fait plus que 5 cm d'épaisseur et est soutenu par un petit pied permettant l'ajustement vertical de l'ordinateur selon le besoin de son utilisateur.

iMac G5, lancé en septembre 2004.

Des derniers développements notoires d'Apple en matière d'ordinateurs, nous pouvons retenir :

- la sortie du MacBook Air en 2008, qui est considéré comme le portable le plus fin au monde (entre 4 mm et 19,4 mm pour un poids record de 1,36 kg) ;
- le lancement de l'iMac Aluminium en 2009, qui est une mise à jour des précédents iMac ;
- l'intégration de l'écran Retina en 2012, qui offre un confort visuel HD.

Le départ de Steve Jobs

L'année 1985 voit la démission de Steve Wozniak. Par ailleurs, la baisse des ventes d'Apple et les divergences entre la vision de Steve Jobs et celle des autres dirigeants poussent John Sculley à prendre une décision. Elle se révélera lourde de conséquences pour l'entreprise, puisqu'il s'agit de retirer à l'ingénieux leader toute responsabilité opérationnelle. Cette mesure précipite le départ de Steve Jobs, qui ne tarde pas à se lancer dans d'autres projets.

PIXAR ET NEXT

En 1986, Jobs investit et achète la division graphique de l'entreprise Lucasfilm, dont il change le nom de société en « Pixar ». Le produit révolutionnaire de cette société : le Pixar Image Computer, ordinateur destiné à la conception graphique. Très coûteux (135 000 $), ce dernier se destine à un public cible spécifique : la recherche médicale et les laboratoires gouvernementaux. Il intéressera également Disney pour l'aspect animation. Jobs vendra ainsi Pixar au géant du film d'animation en 2006, rapportant sur un investissement initial de 10 millions $, un bénéfice de 7 milliards $.

Parallèlement, Steve jobs lance sa propre société d'informatique, NeXT, qui a pour objectif principal d'élaborer des ordinateurs destinés à l'enseignement scolaire et universitaire. Cette entreprise développe notamment le système d'exploitation NeXTSTEP, qui sera réutilisé par Apple quelques années plus tard, au moment de la fusion des deux sociétés.

John Sculley échoue dans sa mission de redynamiser Apple, dont les chiffres stagnent et déclinent. Malgré les efforts de l'entreprise pour élaborer de nouvelles stratégies et conceptualiser des produits innovants – comme le PowerBook (1991), un ordinateur portable conçu pour les professionnels –, Apple ne parvient pas à redresser la barre. Durant les années quatre-vingt-dix, la firme s'associe même à IBM et Motorola afin de proposer un nouveau standard d'ordinateurs personnels.

De 1985 à 1996, la société lance produit sur produit (lecteurs CD, console de jeux ou télévisions), mais rien à faire : l'entreprise perd d'importantes parts de marché face à ses concurrents. Le système d'exploitation Windows 95 compatible avec les produits IBM participe en grande partie à cette lente descente aux enfers : en cinq semaines seulement, 3 millions d'unités sont distribuées, ce qui est énorme comparativement aux ventes annuelles d'Apple (4,5 millions).

Sculley quitte Apple en 1993. En 1996, la firme, qui est à la recherche d'un nouveau système d'exploitation, rachète NeXT pour 427 millions. Steve Jobs revient d'abord en tant que consultant, puis prend la tête de la société en 1997.

Le renouveau d'Apple

Apple remonte doucement la pente, alors que Steve Jobs décide d'élargir son marché. Au lendemain de son retour, il s'attelle à mettre de l'ordre dans les affaires de la société :

- les projets qu'ils estiment non rentables sont interrompus ;
- il signe un partenariat surprenant de cinq ans avec Microsoft, qui s'engage à lui verser 150 millions en échange du développement de sa suite Office pour Mac ;
- Internet Explorer devient le navigateur web par défaut de la marque. Les utilisateurs peuvent cependant toujours choisir d'en changer ;

- le designer industriel Jonathan Ive (né en 1967) est chargé de repenser le produit afin que ce dernier mêle à la fois simplicité et élégance. Le projet final coloré et attrayant finit de convaincre le célèbre PDG.

Des produits qui marquent

Se diversifiant, Apple se focalise surtout sur le développement de quatre nouveaux produits électroniques. Chacun d'eux connaîtra à son tour un immense succès : l'iPod, le lecteur multimédia iTunes, l'iPhone et l'iPad. En 2015, la marque annonce également le lancement de l'Apple Watch, sa montre connectée.

iPod Classic, initialement lancé sous le simple nom « iPod » en octobre 2001.

Commercialisé par la firme à la pomme à partir de 2001, l'iPod est un baladeur numérique. Évoluant au fil des années, tantôt il gagne en espace de stockage, tantôt il intègre de nouvelles fonctionnalités ou un design mieux adapté aux usages. Bien que constituant déjà une révolution en soi, l'iPod bénéficie de l'avènement en 2003 d'iTunes qui fait littéralement exploser les ventes. En dix ans, ce sont près de 300 millions d'unités qui trouvent acquéreur. En août 2015, l'iPod est le n° 1 des ventes de baladeurs numériques dans le monde.

S'inscrivant dans la mouvance des Smartphones, le premier iPhone arrive enfin en 2007 sur le marché de la téléphonie. Comme l'iMac ou l'iPod avant lui, il connaît de nombreuses évolutions visant un design toujours plus haut de gamme et une puissance inégalable. À lui seul, il regroupe les diverses fonctionnalités :

- d'un téléphone portable (appel, SMS, MMS, messagerie vocale visuelle – service permettant de visualiser le nombre de messages contenus dans la boîte vocale ainsi que le nom des correspondants –, etc.) ;
- d'un appareil photo numérique ;
- d'un baladeur musical ;
- et d'un navigateur internet. À noter que la première version n'est pas équipée de la 3G (acronyme qui désigne la troisième génération de normes de téléphonie mobile, sur le marché depuis 2006).

La téléphonie mobile

Depuis la fin des années quatre-vingt-dix se sont succédé différentes générations de normes de téléphonie mobile. Chaque génération utilise des standards de fonctionnement différents qui évoluent avec le temps selon les découvertes technologiques. On note que la première génération utilisait une technologie analogique, alors que la 2G (apparue dès 2002) s'appuie sur une technologie numérique, plus performante. Parmi les principaux vendeurs de Smartphones, on retient principalement

Mais la véritable révolution se situe au niveau de l'écran tactile *multi-touch*, qui permet d'interagir avec l'appareil par le moyen d'un ou plusieurs points de contact.

iPhone première génération, lancé le 29 juin 2007.

Cette avancée technologique, intégrée pour la première fois dans un appareil mobile, marque le début d'une nouvelle ère pour la téléphonie. L'iPhone est d'ailleurs qualifié dans le journal *Times* d'« invention de l'année 2007 ». Le succès de ce « téléphone intelligent » ne s'est jamais démenti depuis sa commercialisation et se voit relancé à chaque sortie d'une nouvelle version. L'iPhone 6 s'est ainsi vendu à environ 10 millions d'exemplaires en trois jours (en septembre 2014).

Quant à l'iPad, la tablette tactile électronique développée par Apple, il est présenté pour la première fois le 27 janvier 2010. À mi-chemin entre l'iPhone et l'iMac, l'iPad bénéficie également de la technologie *multitouch* et est particulièrement orienté médias (livres, journaux, films, musique, jeux, etc.). Des versions ultérieures sont également venues améliorer le produit initial. Parmi les évolutions, notons l'intégration de l'écran Retina, la taille (l'utilisateur peut également choisir le format mini ou pro, qui est plus grand), le poids ou encore la capacité de stockage.

Si les sceptiques étaient nombreux (médias, concurrents et Jobs lui-même) lors de l'annonce de la sortie de l'iPad, le résultat n'en fut pas moins surprenant : 300 000 tablettes sont vendues le premier week-end de la sortie du produit. Après l'implémentation du WiFi et de la 3G, les ventes triplent et le nombre d'appareils vendus s'élève à un million. Si l'iPhone a mis 74 jours pour atteindre ce nombre, il n'en a fallu que 28 pour l'iPad. À nouveau, les chiffres parlent d'eux-mêmes et Apple a réussi à placer sa nouvelle machine au rang de n° 1 mondial.

Le décès de Steve Jobs

Suite à une tumeur au pancréas, Steve Jobs démissionne en août 2011 et décède le 5 octobre de la même année. Il est alors âgé de 56 ans et les chiffres d'Apple n'ont jamais été aussi importants.

STRATÉGIE ET VISION

Sa position de leader mondial, tant d'un point de vue technologique et informatique que dans une optique de business (chiffre d'affaires et profits générés), Apple la doit très certainement à Steve Jobs et à sa stratégie globale étonnante.

Steve Jobs, un fondateur hors-norme

C'est seulement après sa mort que l'on a réellement commencé à s'inté-resser de près à la personne de Steve Jobs. Au cours de l'histoire d'Apple, les évolutions démontrent de nettes différences entre les périodes avec ou sans lui. Difficile de mettre des mots sur un homme aussi singulier. Dans un article paru en 2000 dans le *Harvard Business Review*, le psy-chothérapeute américain Michael Maccoby (né en 1933) le qualifiait de « narcissique productif » qui allait parfois jusqu'à humilier ses employés ou traiter les autres (entreprises ou salariés) d'« imbéciles-héros ».

L'apport de Jobs est triple :

- il a contribué au côté artistique et design d'Apple, une caracté-ristique distinctive par rapport à ses concurrents qui privilégient l'aspect production ;
- sa paranoïa permit à la société d'entretenir un certain mystère qui entoure – et sert – le lancement de ses nouveaux produits ;
- enfin, il créait ce que les autres ne pouvaient pas voir, car il était un vrai visionnaire.

Même si Jobs était exigeant et sévère, il savait aussi reconnaître une « bonne » idée. La plupart de ses employés admiraient la justesse et la capacité de leur directeur à « décider juste », à déceler ce qui est susceptible d'intéresser le consommateur de ce qui ne l'est pas.

Stratégie globale d'Apple

> « *Byte into an Apple* » (Premier slogan d'Apple)

À l'origine, les fondateurs misent sur l'innovation et désirent commercialiser un produit qu'on ne trouve alors pas sur le mar-ché : des micro-ordinateurs personnels faciles à utiliser pour les non-initiés. En effet, si l'ordinateur personnel existe déjà, il reste cependant l'apanage d'experts en informatique qui l'utilisent uniquement de manière professionnelle.

À partir de 1997 – c'est-à-dire à partir du retour de Steve Jobs –, la stratégie globale d'Apple s'articule principalement autour de deux aspects.

Tout d'abord, en matière de communication, c'est la devise « *Think Different* » qui s'impose. Si le site internet de l'entreprise met en évidence les valeurs de respect de l'environnement, d'accessibilité et de confidentialité, Apple chérit avant tout l'innovation et la différence. Le slogan de la campagne publicitaire de 1997 les place au cœur de sa stratégie globale.

> « *[…] Some may see them as the crazy one's. We see genious because the people who are crazy enough to think they can change the world are the one's who do.* » (extrait de la campagne « *Think different* », 1997)

Cette politique de la différence s'exprime à travers les points suivants :

- une qualité qui prime sur l'étendue de la gamme de produits commercialisés ;
- l'assurance d'un système d'exploitation puissant et haut de gamme ;
- un design épuré et élégant qui dépasse de loin celui des concurrents ;
- une constante évolution pour satisfaire au mieux le client.

En déplaçant le discours commercial initialement axé sur le produit vers un message centré sur les valeurs de la société, cette publicité a forgé une vision, qui est parvenue à transmettre voire à imposer ce goût et ce besoin de différentiation aux millions de fans de la marque à la pomme.

Deuxième grande caractéristique de sa stratégie, Apple entretient ce qu'on appelle la culture ou le culte du secret. En effet, il s'agit d'une des entreprises technologiques les plus silencieuses, voire secrètes au monde. Le mystère plane sur le développement de ses nouveaux produits pour les utilisateurs, mais également pour les employés de la firme, à qui une discrétion absolue est imposée alors même qu'ils ne sont généralement pas au courant du produit final sur lequel ils travaillent ! Il semblerait d'ailleurs qu'un employé, s'il est suspecté d'avoir été trop « bavard », peut se retrouver soumis à une enquête plus poussée.

Plusieurs exemples viennent confirmer ce culte voué au secret :

- le peu d'informations communiquées sur l'état de santé de Steve Jobs à la fin de sa vie ;
- un développeur de l'iPad qui raconte avoir travaillé avec trois autres employés dans une pièce sans fenêtres, avec l'accès qui leur était réservé, avec les entrées et sorties comptées, et avec une interdiction totale de parler du projet à quiconque, même à son épouse (« Comment Apple a préservé le secret autour de l'iPad », in *igeneration*, septembre 2011) ;
- des équipes restreintes et séparées pour des projets majeurs ;
- des barrières invisibles (menaces de poursuites, de renvoi, etc.) comme physiques pour empêcher toute fuite d'informations concernant le(s) produit(s) en cours de fabrication ;
- etc.

Autour de ces deux points principaux viennent s'articuler d'autres outils stratégiques, résumés dans le tableau ci-dessous.

Stratégie globale d'Apple

Stratégie marketing	Stratégie industrielle
• **Un discours centré sur les valeurs** : au-delà de la promotion d'un produit en particulier, ce qu'Apple vend dans ses publicités, c'est sa marque. La firme veut fidéliser le consommateur en le faisant adhérer à une vision, à des valeurs. • **La culture du secret** : là où ses concurrents annoncent le lancement de leur produit un mois à l'avance, Apple fait tout le contraire. Rien n'est dévoilé avant le jour même de la sortie effective. Cette culture du secret est un des leviers de réussite majeurs pour Apple. Cette stratégie entraîne la suivante. • **Le marketing du désir** : Apple est une des marques les plus désirée au monde. Existant depuis les années soixante-dix, ce type de stratégie mise sur le fait que, malgré l'offre similaire de la concurrence, un produit/une marque reste le/la préféré(e) et le/la plus convoité(e) de tous. Ce stratagème simple et efficace ne manque pas d'attiser la curiosité du consommateur, surtout lorsqu'on lui dit qu'Apple est « *different* »...	• **La culture du secret** : les créateurs et développeurs du produit sont eux-mêmes tenus au secret. En effet, Steve Jobs menait des stratégies management et marketing étroitement liées : il veillait par exemple à ce que chaque chef de projet ne travaille que sur une partie du futur produit. De la sorte, il s'assurait qu'aucun membre – pas même les chefs de projet – n'ait accès au produit final, en dehors d'une équipe de supervision très restreinte. • **Des produits haut de gamme adaptés aux usages et de qualité exceptionnelle** : pour Apple, il ne s'agit pas d'arriver le premier sur le marché, mais plutôt d'y être le meilleur et d'y rester. Sa signature « different » s'applique ainsi aux produits existant sur le marché, mais dont la qualité peut être améliorée, l'utilisation optimisée, le design affiné et nuancé ou les fonctionnalités adaptées à l'utilisateur.

Stratégie globale d'Apple (suite)

Stratégie marketing	Stratégie industrielle
• **Le marketing de la rareté** : Apple sait parfaitement comment s'y prendre pour rendre les consommateurs accros, leur laissant penser qu'ils font partie des happy few qui ont la chance d'avoir accès à ses produits. Cette technique marketing passe notamment par la fixation d'un prix élevé par rapport aux produits similaires vendus par les concurrents, qui s'adresse donc en priorité à une minorité de gens fans de la marque ou ayant un grand pouvoir d'achat. Par la suite, ce prix de départ excessif peut être diminué petit à petit, ce qui permet d'assurer la continuité des ventes tout en gardant cette impression d'exclusivité pour le consommateur.	• **La raréfaction des ressources** : vu le succès de ses produits sur le marché, Apple peut se permettre de produire en masse, avec l'assurance de voir ses stocks s'écouler. Cela signifie que l'entreprise ne craint pas de s'approvisionner constamment en ressources nécessaires à la fabrication d'appareils électroniques, en laissant peu pour ses concurrents. Ainsi, tout en répondant à la demande de ses clients, Apple limite l'accès à des ressources qui pourraient permettre à ses compétiteurs de riposter, s'assurant un avantage concurrentiel de taille. Ce fut notamment le cas lors de l'avènement des écrans tactiles multitouch. En lançant successivement l'iPhone, l'iPod Touch puis l'iPad, la firme de Cupertino utilise une grande part des ressources disponibles : il devient difficile pour les potentiels challengers de s'en procurer et donc de concurrencer Apple.

APPLE AUJOURD'HUI

Si les chiffres et les résultats semblent irréels, c'est qu'en 2014 :

- Apple réalise un bénéfice qui équivaut au PIB de Hong Kong (Chine) ;
- Apple vend 74,5 millions d'iPhones sur le dernier trimestre, soit 34 000 unités par heure. Ce chiffre dépasse le nombre d'habitants de Grande-Bretagne ;
- les recettes totales de la société sont évaluées à 74,6 milliards de dollars américains ;
- les bénéfices trimestriels atteignent 18 milliards $, ce qui équivaut à 25 % de la fortune de l'homme le plus riche du monde, Bill Gates (cofondateur de Microsoft) ;
- Apple peut se permettre d'acheter n'importe quelle société technologique en espèces (cash) ;
- si l'iPhone était une entreprise, il aurait un chiffre d'affaires égal à celui de Coca-Cola et McDonald's réunis, ou à celui d'Amazon ;
- le bénéfice d'Apple en 2014 lui permettrait d'acheter en un coup les trois applications suivantes : Snapchat, Pinterest et Airbnb.

APPLE, UN CONCURRENT REDOUTABLE

En août 2015, la firme de Cupertino est considérée comme la première entreprise mondiale de la technologie : son chiffre d'affaires (187,29 milliards $) dépasse largement celui de Microsoft (93,58 milliards $), son principal concurrent historique qui l'a pourtant sauvé de la faillite 15 ans plus tôt.

Mais quel est le secret d'Apple, qui ne semble pas décidé à ralentir son rythme de croissance d'un iota ? Tim Bajarin (né en 1950), président de Creative Strategies Inc. (société de consultance technologique et d'analyse de marché) et expert en « cycles d'adoption de technologie », apportait en 2012 quelques éclairages intéressants sur ce qui fait de cette société un rival redoutable pour ses concurrents. Il repère en effet six indicateurs, leviers de réussite (BAJARIN (Tim), « 6 Reasons Apple Is So Successful », in *Time.com*, mai 2012).

Les forces d'Apple selon Bajarin

L'attrait du produit pour son créateur. Bajarin pose l'hypothèse que toute entreprise de technologie développe son produit autour de l'aspect technologique d'abord, puis de l'usage que les gens veulent en faire. Ingénieurs et designers sont tellement éblouis par la technologie même qu'ils en oublient de se poser la question de son utilisation. À ce niveau, l'approche d'Apple est tout à fait différente. Les créateurs des produits Apple, Steve Jobs en tête, en sont en réalité les premiers acheteurs et utilisateurs. Ils sont les premiers fans de la marque.	**Le service clientèle.** Il n'est pas surprenant que la qualité d'un service après-vente soit un facteur de succès, et ce pour n'importe quelle société. Toutefois, au sein d'Apple, un accent tout particulier est mis sur le service clientèle. Steve Jobs avait compris que même si un produit est facile à utiliser, les raisons pour lesquelles les gens l'utilisent créent la complexité ; c'est pourquoi il n'est pas rare qu'ils aient besoin d'un coup de pouce.
L'attrait du produit pour son créateur. Bajarin pose l'hypothèse que toute entreprise de technologie développe son produit autour de l'aspect technologique d'abord, puis de l'usage que les gens veulent en faire. Ingénieurs et designers sont tellement éblouis par la technologie même qu'ils en oublient de se poser la question de son utilisation. À ce niveau, l'approche d'Apple est tout à fait différente. Les créateurs des produits Apple, Steve Jobs en tête, en sont en réalité les premiers acheteurs et utilisateurs. Ils sont les premiers fans de la marque.	**L'excellence.** Apple ne crée que là où il y a matière à exceller. La firme n'est pas experte dans la création ou l'innovation de produits totalement inédits : excepté l'ordinateur personnel, elle n'a fait que retravailler des produits existants comme le MP3, le Smartphone ou la tablette. Ces derniers étaient déjà sur le marché à l'époque ; Apple les a « juste » améliorés. Un designer d'Apple note ainsi très justement : « Si on ne peut pas rendre meilleur un produit existant, nous ne le faisons pas. »

Les forces d'Apple selon Bajarin (suite)

« Keep it simple » (Garder les choses simples). Apple a toujours fait en sorte de n'avoir qu'un modèle en vente pour chacun de ses produits. Pour le téléphone, par exemple, Apple ne propose qu'un modèle iPhone à la fois en magasin. Cette décision marketing centrale facilite le processus de décision du consommateur qui doit parfois choisir entre des dizaines de modèles – voire plus – selon les marques. Des recherches sur le comportement des consommateurs ces 30 dernières années ont ainsi démontré que si le consommateur moyen apprécie la diversité, pour un produit technologique, il aime avant tout être aidé dans son processus de décision.	**Une longueur d'avance.** Apple a toujours veillé à être en avance sur ses concurrents : alors que ces derniers proposent des produits compétitifs sur le marché, Apple est en réalité en train d'y travailler depuis deux ans.

Nous devons toutefois nuancer le succès d'Apple. Car il ne faut pas se méprendre, tout est question d'interprétation et les chiffres dépendent de l'indicateur choisi pour mesurer la performance d'un produit. Ainsi, si Android vous laisse penser qu'il est le grand « gagnant » de la compétition commerciale qui se joue entre les grands acteurs de la technologie, on peut en réalité évaluer ce résultat selon deux critères :

- les parts de marché (Android est alors gagnant) ;
- ou le bénéfice enregistré (iOS est alors gagnant).

L'analyse menée par Bajarin se confirme également à travers celle du professeur de l'université de Long Island Panos Mourdoukoutas, qui expose sans équivoque que la stratégie de Steve Jobs se résume à la création et au développement d'un produit flambant neuf et innovant, un mélange de design et de technologie qui plaît immédiatement au consommateur grâce à sa facilité d'utilisation.

APPLE, UN LEADER DANS SON SECTEUR ?

En analysant les différents produits lancés sur le marché au cours de ces dernières années, on s'aperçoit qu'Apple ne semble plus aussi inventif qu'à ses débuts. La société apparaît même plutôt comme un acteur « en retard » en matière d'innovation… En effet, si l'on excepte le Macintosh à l'époque, et peut-être le fait d'avoir intégré en premier la technologie *multitouch* dans un appareil mobile, Apple n'a plus de réelles inventions à son actif.

En 2014 et en 2015, l'entreprise lance trois nouveaux produits au design et à l'esthétique de luxe : l'iPhone 6, l'iPhone 6 Plus et l'Apple Watch. Plus impressionnant encore, elle annonce son entrée sur le marché du paiement mobile avec Apple Pay. Ce service permet aux utilisateurs de virtualiser leur carte de crédit et de payer leurs achats simplement en approchant leur iPhone ou – bientôt – leur montre Apple du scan du vendeur. Mais ce qui s'apparente à une nouveauté est rapidement critiqué : de plus grands écrans, une montre connectée et des paiements mobiles ? Oui, mais… cela existe déjà ! Apple semble bel et bien en retard. Samsung avait déjà proposé des téléphones avec des écrans géants, Motorola une montre Moto 360 en 2014 et Google son système de paiements mobile Google Wallet en 2011. Dès lors, est-ce qu'Apple peut encore être considéré comme le pionnier qu'il fut au temps de la création du premier ordinateur ?

Ce qui est certain, c'est que la société pousse chaque fois un peu plus loin les développements des produits qu'elle commercialise par rapport à ses concurrents. Au niveau d'Apple Pay par exemple, la firme se différencie de par le degré de confidentialité qu'elle assure à ses utilisateurs lors de leur achat *online*. Ce qu'elle recherche donc avant tout, c'est l'innovation au travers de la différentiation : faire mieux avec ce qui existe déjà et donc se positionner en tant que leader de la qualité. Et la stratégie s'avère payante jusqu'à présent.

Mais cette stratégie n'est-elle pas en train de s'essouffler ? En effet, les produits Apple sont désormais d'une qualité à peine supérieure à celle d'autres appareils présents sur le marché, tout en étant nettement plus chers. De plus, le marketing du désir mené par la firme à la pomme crée chez le consommateur une attente toujours plus grande pour une marchandise innovante : le décevoir signifierait donc le perdre...

OPPORTUNITÉS ET MENACES : QUEL FUTUR POUR LA FIRME À LA POMME ?

Si Apple est aujourd'hui résistant et compétitif de par sa qualité et son design irréprochables, certaines menaces pèsent néanmoins sur la société. Tout d'abord, ses concurrents sont de plus en plus forts ; on le voit au travers des évolutions chiffrées (Samsung en tête dans le secteur de la téléphonie). Ensuite, excepté pour 2015 et 2014, il paraîtrait que les fonds alloués à la recherche et au développement au sein d'Apple ne constituent qu'une maigre partie des dépenses. Ceci expliquerait la faible différenciation des produits Apple sur le marché. Enfin, ces derniers restent des produits forts coûteux et très fermés (formats propriétaires pour la musique, les livres numériques, les applications, les câbles, etc.).

Si certains remettent en question la prospérité à long terme de la firme de Cupertino, d'autres sont plus optimistes et entrevoient un avenir plus rose. C'est le cas de deux analystes de Cantor Fitzgerald (banque d'investissement américaine), Brian White et Isabel Zhu, qui basent leur raisonnement sur le chiffre d'affaires actuel d'Apple et sur les potentielles opportunités pour la société de s'étendre à un marché plus large. Ils observent que son chiffre d'affaires tout comme son bénéfice sont en constante augmentation. Or, aussi longtemps que son chiffre d'affaires augmente et que son secteur d'activité s'élargit (télévision, robotique et, pourquoi pas, automobile), Apple devrait rester dans le peloton de tête du marché, promettant un avenir radieux à ses employés dans le monde entier.

EN RÉSUMÉ

1er avril 1976	Fondation
3 janvier 1977	Constitution de la société
Avril 1977	Apple II
12 décembre 1980	Introduction en Bourse
Janvier 1984	Présentation du Macintosh
1985	Démission de Steve Wozniak et départ de Steve Jobs
1996	Retour de Steve Jobs
Octobre 2001	Lancement de l'iPod
Juin 2007	Sortie de l'iPhone
Janvier 2010	Lancement de l'iPad
5 octobre 2011	Décès de Steve Jobs

Apple, c'est :

- une société d'informatique créée par Steve Wozniak, Steve Jobs et Ron Wayne en 1976, à Cupertino, aux États-Unis d'Amérique ;
- la firme qui invente le premier ordinateur personnel, mais également la longue série plus connue sous le nom de Macintosh puis iMac ;
- Steve Jobs, un homme singulier et charismatique, cofondateur puis PDG de la firme à la pomme ;
- la société du secret, de la rareté et du désir ;

- l'innovation à travers une stratégie de différenciation, cristallisée par le slogan « *Think different* » ;
- 34 000 iPhones vendus par heure pendant les trois premiers mois après la sortie du produit ;
- la marque la plus désirée au monde.

Votre avis nous intéresse !

*Laissez un commentaire sur le site de votre librairie en ligne
et partagez vos coups de cœur sur les réseaux sociaux !*

POUR ALLER PLUS LOIN

SOURCES BIBLIOGRAPHIQUES

- « #1 Apple », in *Forbes.com*, mai 2015, consulté le 29 novembre 2015. http://www.forbes.com/companies/apple/
- A. (Jean-Baptiste), « Apple : 49,6 milliards de dollars de chiffre d'affaires pour le 3e trimestre fiscal 2015 », juillet 2015, consulté le 27 novembre 2015. http://iphoneaddict.fr/post/news-158732-apple-496-milliards-dollars-chiffre-daffaires-3e-trimestre-fiscal-2015
- AMIOT (Maxime) et GEORGES (Benoît), « Apple et les limites de la culture du secret », in *LesÉchos.fr*, mai 2012, consulté le 2 juillet 2015. http://www.lesechos.fr/23/05/2012/LesEchos/21190-068-ECH_apple-et-les-limites-de-la-culture-du-secret.htm
- « Apple, 10 millions d'iPhone 6 écoulés en trois jours, un record », in *RTBF.be*, septembre 2014, consulté le 5 juillet 2015. http://www.rtbf.be/info/economie/detail_apple-10-millions-d-iphone-6-ecoules-en-trois-jours-un-record?id=8361530
- « Apple : les coulisses de l'entreprise la plus secrète au monde », dossiers d'extraits d'*Inside Apple* d'Adam Lachinsky, in *L'Express.fr*, avril 2012, consulté le 15 juillet 2015. http://lentreprise.lexpress.fr/rh-management/inside-apple-1-re-trouver-l-esprit-d-une-start-up_1537706.html
- « Apple: Too Big To Grow ? », in *Forbes.com*, mai 2015, consulté le 4 décembre 2015. http://www.forbes.com/sites/greatspeculations/2015/05/28/apple-too-big-to-grow/
- « Apple a réalisé 156 milliards de chiffre d'affaires sur son exercice fiscal 2012 », in *Les Échos.fr*, octobre 2012, consulté le 10 août 2015.

* http://www.lesechos.fr/26/10/2012/LesEchos/21300-128-ECH_
  apple-a-realise-156-milliards-de-dollars-de-chiffre-d-affaires-
  sur-son-exercice-fiscal-2012.htm
* « Apple et les limites du marketing de la rumeur », in *La Libre Belgique.be*, septembre 2012, consulté le 3 juillet 2015.
  http://www.lalibre.be/economie/actualite/apple-et-les-limites-
  du-marketing-de-la-rumeur-51b8f0e6e4b0de6db9c7e51e
* « Apple publie ses résultats pour le troisième trimestre de 2015 », in *GénérationBranchée.com*, juillet 2015, consulté le 5 décembre 2015.
  http://www.generationbranchee.com/wpp/default.aspx?post
  =2488
* AUFFRAY (Christophe), « Il y a 12 ans : Microsoft et Apple s'alliaient », in *ZDNet.fr*, août 2009, consulté le 10 août 2015.
  http://www.zdnet.fr/actualites/il-y-a-12-ans-microsoft-et-apple-
  s-alliaient-39704077.htm
* BAJARIN (Tim), « 6 Reasons Apple Is So Successful », mai 2012, consulté le 26 juin 2015.
  http://techland.time.com/2012/05/07/six-reasons-why-apple-is-
  successful/
* BEATTI (Andrew), « Apple's Key Weaknesses », in *Investopedia*, juillet 2015, consulté le 3 décembre 2015.
  http://www.investopedia.com/articles/investing/072715/apples-
  key-weaknesses.asp?layout=infini&v=2A
* BEATTI (Andrew), « Which Is Better: Dominance or Innovation? », in *Investopedia*, juillet 2015, consulté le 3 décembre 2015.
  http://www.investopedia.com/articles/stocks/08/dominance-
  innovation.asp?layout=infini&v=2A
* BEMBARON (Elsa), « Samsung à la peine face à l'iPhone 6 d'Apple », in *Le Figaro.fr*, février 2015, consulté le 5 décembre 2015.
  http://www.lefigaro.fr/secteur/high-tech/2015/01/29/32001-
  20150129ARTFIG00302-samsung-a-la-peine-face-a-l-iphone-6-
  d-apple.php

- Bourbon (Tristan de), « Redécouverte : l'ordinateur a été inventé en 1836 ! », in *MyEurop.info*, février 2012, consulté le 29 novembre 2015.
http://fr.myeurop.info/2012/02/14/redecouverte-l-ordinateur-a-ete-invente-en-1836-4548

- Buchanan (Matt), « How Steve Jobs Made the Ipad Succeed When All Other Tablets Failed », in *Wired.com*, février 2013, consulté le 6 décembre 2015.
http://www.wired.com/2013/11/one-ipad-to-rule-them-all-all-those-who-dream-big-are-not-lost/

- Cabural (Marie), « Apple Inc. (AAPL) Future Prospects Are Brighter: Cantor », in *ValueWalk.com*, juillet 2015, consulté le 1er décembre 2015.
http://www.valuewalk.com/2015/07/apple-inc-aapl-future-prospects-are-brighter/

- Cherki (Marc), « Apple, le modèle économique qui a fait ses preuves », in *Le Figaro.fr*, janvier 2010, consulté le 15 août 2015.
http://www.lefigaro.fr/societes/2010/01/27/04015-20100127ARTFIG00852-apple-le-modele-economique-qui-a-fait-ses-preuves-.php

- « Comment Apple a préservé le secret autour de l'iPad », in *igeneration*, septembre 2011, consulté le 6 décembre 2015.
http://www.igen.fr/ipad/comment-apple-preserve-le-secret-autour-de-l-ipad-59352

- « Creating Jobs Through Innovation », in *Apple.com*, 2015, consulté le 5 décembre 2015.
http://www.apple.com/about/job-creation/

- Curtis (Sophie), « Bill Gates: a History at Microsoft », in *The Thelegraph*, février 2014, consulté le 4 décembre 2015.
http://www.telegraph.co.uk/technology/bill-gates/10616991/Bill-Gates-a-history-at-Microsoft.html

- Darrow (Barb), « A first: Microsoft Inches Past IBM in Annual Revenue », in *Fortune.com*, août 2015, consulté le 6 décembre 2015.

http://fortune.com/2015/08/05/microsoft-inches-past-ibm-in-revenue/

- Dɪᴄᴋᴇʏ (Megan Rose), « The Most Extreme Examples of Secrecy at Apple », in *Business Insider*, juillet 2013, consulté le 3 juillet 2015. http://www.businessinsider.com/the-most-extreme-examples-of-secrecy-at-apple-2013-7?op=1&IR=T
- Dʀᴜ (Jean-Marie), *La publicité autrement*, Paris, Gallimard, 2007
- Dᴜᴘᴇʀʀᴏɴ (Audrey), « Pourquoi Microsoft a un avenir plus radieux qu'Apple », in *Express.be*, août 2013, consulté le 6 décembre 2015. http://www.express.be/business/fr/technology/pourquoi-micro-soft-a-un-avenir-plus-radieux-quapple/194751.htm
- Dᴜʀᴀɴᴅ (Christophe), Fɪʟɪ (Jean-François) et Hᴇ́ɴᴀᴜʟᴛ (Audrey), « Culture d'entreprise », in *Culture Entreprise*, 2014, consulté le 2 juillet 2015.
  http://culture.entreprise.free.fr/
- Eɴᴛɪs (Laura), « Former Apple CEO John Sculley: This Is What Made Steve Jobs a Genius », in *Entrepreneur.com*, mars 2015, consulté le 6 juillet 2015.
  http://www.entrepreneur.com/video/243191
- Esᴛɪᴍʙʀᴇ (Thomas), « Résultats financiers : Apple annonce des chiffres exceptionnels », in *Presse-Citron.net*, janvier 2015, consulté le 23 novembre 2015.
  http://www.presse-citron.net/resultats-financiers-apple-annonce-des-chiffres-exceptionnels/
- « Facts and Statistics on Apple », in *Statista.com*, 2015, consulté le 2 décembre 2015.
  http://www.statista.com/topics/847/apple/
- Fᴇʀʀᴀɴᴅ (Benjamin), « Quatre graphiques pour éclairer les résultats records d'Apple », in *Le Figaro.fr*, janvier 2015, consulté le 29 novembre 2015.
  http://www.lefigaro.fr/secteur/high-tech/2015/01/28/32001-20150128ARTFIG00239-quatre-graphiques-pour-eclairer-les-resultats-records-d-apple.php

- « Génération de système cellulaire 2G », in *Marché public*, consulté le 4 décembre 2015.
  http://www.marche-public.fr/Terminologie/Entrees/2G.htm
- GIBBS (Samuel), « Motorola Moto 360 (2015) Review: What the Original Should Have Been », in *TheGuardian.com*, octobre 2015, consulté le 5 décembre 2015.
  http://www.theguardian.com/technology/2015/oct/30/moto-rola-moto-360-2015-review-what-the-original-should-have-been
- GILDER (George), « Computer Industry », in *Library of Economics and Liberty*, consulté le 29 novembre 2015.
  http://www.econlib.org/library/Enc1/ComputerIndustry.html
- GRALLET (Guillaume), « Apple, les coulisses de l'entreprise la plus secrète au monde », in *LePoint.fr*, avril 2012, consulté le 4 juillet 2015.
  http://www.lepoint.fr/technologie/exclusif-apple-les-coulisses-de-l-entreprise-la-plus-secrete-au-monde-12-04-2012-1450919_58.php
- GRIFFIN (Andrew) et MOLLOY (Antonia), « How Apple Became So Successful That Its Total Revenue Is Bigger Than the GDP of Some Countries », in *Independent*, janvier 2015, consulté le 26 juin 2015.
  http://www.independent.co.uk/news/business/analysis-and-features/how-apple-become-so-successful-that-its-total-revenue-is-bigger-than-the-gdp-of-some-countries-10007454.html
- GROSSMAN (Lev), « Invention of the Year: the iPhone », in *Times*, novembre 2007, consulté le 14 août 2015.
  http://content.time.com/time/specials/2007/article/0,28804,1677329_1678542_1677891,00.html
- JOUX (Alexandre), « L'innovation en circuit fermé : le modèle Apple face à ses limites », in *La revue européenne des médias et du numérique*, janvier 2013, consulté le 1er juillet 2015.
  http://la-rem.eu/2012/12/21/linnovation-en-circuit-ferme-le-modele-apple-face-a-ses-limites/
- JUREVICIUS (Ovidijus), « Apple SWOT Analysis 2015 », in *StrategicManagementInside.com*, novembre 2015, consulté le 29 novembre 2015.

- http://www.strategicmanagementinsight.com/products/swot-analyses/apple-swot-analysis-2014.html
- Kosoff (Maya), « 11 Mind-Blowing Facts About Apple That Show Just How Massive the Company Really Is », in *BusinessInsider.uk*, octobre 2015, consulté le 6 décembre 2015.
http://uk.businessinsider.com/crazy-facts-about-apple-2015-10?r=US&IR=T
- Krugman (Paul), « On the Symmetry Between Microsoft and Apple », in *The New York Times*, août 2013, consulté le 5 novembre 2015.
http://krugman.blogs.nytimes.com/2013/08/24/on-the-symmetry-between-microsoft-and-apple/?_r=1
- « Le bénéfice net d'Apple en baisse pour la première fois en onze ans », in *Libération.fr*, octobre 2013, consulté le 10 août 2015.
http://www.liberation.fr/economie/2013/10/29/le-benefice-net-d-apple-en-baisse-pour-la-premiere-fois-en-onze-ans_943064
- « Le succès de l'iPad dépasse celui de l'iPhone », in *LaTribune.fr*, octobre 2010, consulté le 29 novembre 2015.
http://www.latribune.fr/technos-medias/electronique/20101007trib000556828/le-succes-de-l-ipad-depasse-celui-de-l-iphone.html
- « Logiciel », in *Futura-Sciences.com*, consulté le 9 juillet 2015.
http://www.futura-sciences.com/magazines/high-tech/infos/dico/d/informatique-logiciel-561/
- Maccoby (Michael), « Narcissistic Leaders: The Incredible Pros, the Inevitable Cons », in *Harvard Business Review*, janvier-février 2000, consulté le 14 août 2015.
http://www.maccoby.com/Articles/NarLeaders.shtml
- Menguy (Eric), « IBM, Microsoft, HP : "Pourquoi les dinosaures de l'informatique vont disparaître" », in *LeMonde.fr*, janvier 2014, consulté le 29 novembre 2015.
http://www.lemonde.fr/economie/article/2014/01/30/pourquoi-les-dinosaures-de-l-informatique-sont-en-train-de-disparaitre_4357188_3234.html

- MOURDOUKOUTAS (Panos), « Can Microsoft Adopt Apple's Business Model ? », in *Forbes.com*, octobre 2012, consulté le 5 décembre 2015.
http://www.forbes.com/sites/panosmourdoukoutas/2012/10/10/can-microsoft-adopt-apples-business-model/
- NELZIN (Anthony), « Résultats Apple : 20 milliards de dollars », in *Mac Génération*, octobre 2010, consulté le 13 août 2015.
http://www.macg.co/aapl/2010/10/resultats-apple-20-milliards-de-dollars-80284
- Noren (Eric), « Analysis of the Apple Business Model », in *DigitalBusinessModelguru.com*, février 2013, consulté le 15 août 2015.
http://www.digitalbusinessmodelguru.com/2013/02/analysis-of-apple-inc-business-model.html
- ONDRUS (Jan), « Late-mover : une stratégie viable pour Apple ? », in *LesÉchos.fr*, septembre 2014, consulté le 5 juillet 2015.
http://www.lesechos.fr/idees-debats/cercle/cercle-108714-apple-peut-il-continuer-a-reussir-avec-une-strategie-dinnovation-de-late-mover-1041839.php
- OVERLAND (Brian), « Computers and Computer Industry », in *Encyclopedia.com*, 2003, consulté le 2 décembre 2015.
http://www.encyclopedia.com/doc/1G2-3401800971.html
- « Permettre de se différencier », in *ValeursCorporate.fr*, juillet 2011, consulté le 3 juillet 2015.
- « Porté par le vent d'iPhone, Apple annonce un chiffre d'affaires en forte hausse », in *LeMonde.fr*, octobre 2015, consulté le 2 décembre 2015.
http://www.lemonde.fr/entreprises/article/2015/10/27/porte-par-les-ventes-d-iphone-apple-annonce-un-chiffre-d-affaires-en-forte-hausse_4798059_1656994.html
- POULAIN (Laurent), « La culture Apple », in *Désélection naturelle*, juin 2009, consulté le 30 juin 2015.
https://deselection.wordpress.com/2009/06/26/la-culture-apple/

- RICHAUD (Nicolas), « Apple derrière l'iPhone, la chute de l'iPad et le flou Apple Watch », in *LesÉchos.fr*, octobre 2015, consulté le 7 décembre 2015.
  http://www.lesechos.fr/tech-medias/hightech/021436898682-apple-derriere-liphone-la-chute-de-lipad-et-le-flou-apple-watch-1170013.php#
- RITCHIE (Rene), « History of iPad (Original): Apple Makes the Tablet Magical and Revolutionary », in *iMore.com*, octobre 2014, consulté le 6 décembre 2015.
  http://www.imore.com/history-ipad-2010
- « Robert Noyce, Statesman of Silicon Valley », in *Intel*, 2015, consulté le 29 novembre 2015.
  http://www.intel.com/content/www/us/en/history/museum-robert-noyce.html
- RODDICK (Anita), « Nos bureaux sont à mi-chemin entre le campus et le kibboutz », in *LesÉchos.fr*, janvier 2004, consulté le 3 juillet 2015.
  http://www.lesechos.fr/27/01/2004/LesEchos/19081-061-ECH_anita-roddick-nos-bureaux-sont-a-mi-chemin-entre-le-campus-et-le-kibboutz-.htm
- SADEGHI (Sharam), *Defensive Strategy. Apple's Overlooked Key to Success*, Berlin, Epubli, 2012.
- SAVOV (Vlad), « Apple announces iOS 8 with widgets and OS X Continuity », in *TheVerge.com*, juin 2014, consulté le 2 décembre 2015.
  http://www.theverge.com/2014/6/2/5772344/apple-wwdc-2014-stats-update
- « Smartphone Vendor Market Share, 2015 Q2 », in *IDC.com*, août 2015, consulté le 28 novembre 2015.
  http://www.idc.com/prodserv/smartphone-market-share.jsp
- « Sortie de l'iPhone 6 et 6 Plus : de l'attente et des ruptures de stock », in *LeFigaro.fr*, septembre 2014, consulté le 13 août 2015.

http://www.lefigaro.fr/secteur/high-tech/2014/09/19/32001-20140919ARTFIG00059-sortie-de-l-iphone-6-et-6-plus-interminables-files-d-attentes-devant-les-apple-store.php

- « Steve Jobs: From Garage to World's Most Valuable Company », in *Computer History Museum*, 2011, consulté le 4 décembre 2015. http://www.computerhistory.org/atchm/steve-jobs/
- « Steve Wozniak Biography », in *bio.*, consulté le 29 novembre 2015. http://www.biography.com/people/steve-wozniak-9537334
- « Système d'exploitation, informatique », in *Universalis*, 2015, consulté le 29 novembre 2015 http://www.universalis.fr/encyclopedie/systemes-d-exploitation-informatique/
- Travlos (Darcy), « Apple: Product Commoditization? », in *Forbes.com*, mai 2015, consulté le 5 décembre 2015. http://www.forbes.com/sites/darcytravlos/2012/05/15/apple-product-commoditization/
- Van Laethem (Nathalie), « Apple : Stratégie marketing d'innovation ou stratégie industrielle ? », in *marketing-stratégie.fr*, mars 2012, consulté le 3 juillet 2015. http://www.marketing-strategie.fr/2012/03/06/strategie-marketing-apple-et-le-marketing-de-la-rarete/
- Wayne (Ronald), « Why I Left Apple Computer After Only 12 Days, in My Own Words », février 2012, consulté le 8 décembre 2015. https://www.facebook.com/RonGWayne/posts/370073493010333
- Williams (Benjamin) et Owlett (Justin), « Apple Business Strategy Under Steve Jobs », in *Apple's Use of Litigation as a Business Strategy and the Ripple Effects on the Mobile Marketplace*, 2012. https://faculty.ist.psu.edu/bagby/432f12/t11/apple-business-strategy-under-steve-jobs.html
- Weissman (Jordan), « If Apple Products Were Their Own Companies, They'd Be as Big as… », in *Slate.com*, juillet 2014, consulté le 30 novembre 2015.

http://www.slate.com/blogs/moneybox/2014/07/22/apple_ear-
nings_iphone_revenues_are_as_big_as_amazon.html
- YAROW (Jay), « This Is the Product That Predicts the Future of
  Apple », in *Buisness Insider*, août 2014, consulté le 27 novembre 2015.
  http://www.businessinsider.com/the-mac-predicts-the-future-
  of-apple-2014-8?IR=T

SOURCES COMPLÉMENTAIRES

Ouvrages

- GILLAM (Scott), *Steve Jobs: Apple iCon*, Minnesota (États-Unis),
  ABDO Publishing, 2012
- ISAACSON (Walter), *Steve Jobs*, Paris, JC Lattès, 2011.
- LACHINSKY (Adam), *Inside Apple. Dans les coulisses de l'entreprise
  la plus secrète au monde*, Paris, Dunod, 2012.

Vidéos

- « Apple – Think different – Full version », Apple advertising cam-
  paign, 1997-2002.
  https://www.youtube.com/watch?v=cFEarBzelBs
- « L'Histoire d'Apple en motion Design », 2FACTORY Motion Design,
  2012.
  https://vimeo.com/66681850
- « Steve Jobs Introducing iPhone at MacWorld 2007 », Steve Jobs,
  2007.
  https://www.youtube.com/watch?v=x7qPAY9JqE4
- « The First iMac Introduction », Steve Jobs, 1998.
  https://www.youtube.com/watch?v=0BHPtoTctDY
- « The Microsoft Deal », Steve Jobs, Macworld Boston, 1997.
  https://www.youtube.com/watch?v=WxOp5mBY9IY&feature=
  youtu.be

Films

- *Jobs*, réalisé par Joshua Michael Stern avec Ashton Kutcher, 2013.
- *Les Pirates de la Silicon Valley*, réalisé par Martyn Burke avec Noah Wyle et Anthony Maichael Hall, 1999.

SOURCES ICONOGRAPHIQUES

- Macintosh 128K. La photo reproduite est réputée libre de droits.
- IMac G5. La photo reproduite est réputée libre de droits.
- iPod Classic. La photo reproduite est réputée libre de droits.
- iPhone première génération. La photo reproduite est réputée libre de droits.

www.50minutes.com

Éditeur responsable : Lemaitre Publishing
Avenue de la Couronne 382 | BE-1050 Bruxelles
info@lemaitre-editions.com

ISBN ebook : 978-2-8062-7513-4
ISBN papier : 978-2-8062-7514-1
Dépôt légal : D/2015/12603/640
Photo de couverture : © Mikhail Esteves - Flickr.com

Conception numérique : Primento,
le partenaire numérique des éditeurs